BEI GRIN MACHT SICH IHR
WISSEN BEZAHLT

- Wir veröffentlichen Ihre Hausarbeit,
  Bachelor- und Masterarbeit

- Ihr eigenes eBook und Buch -
  weltweit in allen wichtigen Shops

- Verdienen Sie an jedem Verkauf

Jetzt bei www.GRIN.com hochladen
und kostenlos publizieren

Strategien und Prinzipien des Problemlösens

Eine empirische Untersuchung mit Schülern eines Begabtenkurses

Luisa Hollmann

Bibliografische Information der Deutschen Nationalbibliothek:

Die Deutsche Nationalbibliothek verzeichnet diese Publikation in der Deutschen Nationalbibliografie; detaillierte bibliografische Daten sind im Internet über http://dnb.d-nb.de abrufbar.

ISBN: 9783389033265
Dieses Buch ist auch als E-Book erhältlich.

© GRIN Publishing GmbH
Trappentreustraße 1
80339 München

Druck und Bindung: Books on Demand GmbH, Norderstedt Germany
Gedruckt auf säurefreiem Papier aus verantwortungsvollen Quellen

Das vorliegende Werk wurde sorgfältig erarbeitet. Dennoch übernehmen Autoren und Verlag für die Richtigkeit von Angaben, Hinweisen, Links und Ratschlägen sowie eventuelle Druckfehler keine Haftung.

Das Buch bei GRIN: https://www.grin.com/document/1478402

Universität Siegen

Institut für Didaktik der Mathematik

FDE I - „Begabtenkurs"

SoSe 2017

Strategien und Prinzipien des Problemlösens

Hausarbeit als Seminarleistung

Stand 04.08.2017

Luisa Hollmann

Lehramt HRSGe - Mathematik

2. Fachsemester

Inhaltsverzeichnis

1 Einleitung

„Man kann ein Problem nicht mit den gleichen Denkstrukturen lösen, die zu seiner Entstehung beigetragen haben." (Albert Einstein, In: Gedinat 2015, S. 27)

Mit diesem Zitat kann die Thematik dieser Arbeit beschrieben werden. Im Rahmen des Kurses „Begabtenkurs", an dem Schülerinnen und Schülern des „Vereins zur Förderung begabter Kinder und Jugendlicher Südwestfalen" teilnahmen, wurden Aufgabenformate erstellt, die eine mathematische Problemlösung verlangen. Im Rahmen dessen sollte beobachtet werden, welche Strategien und Prinzipien genutzt wurden, um eine mathematisches Problem zu lösen. Nach Polya werden verschiedene Schritte genutzt, um eine Lösung zu erhalten. Zuerst gilt es die Aufgabe zu verstehen. Danach soll ein Plan erarbeitet werden, mit welchen Hilfsmitteln und in welchem Zusammenhang die Aufgabe gelöst werden kann. Im dritten Schritt soll der Plan ausgeführt werden. Zum Schluss soll es eine Rückschau geben, die die erhaltene Lösung prüft. (vgl. Polya 1949, S. 48 ff.)

In dieser Arbeit soll es zunächst um die Strategien und Prinzipien gehen, die Schülerinnen und Schüler, im Rahmen des 3. Schritts nach Polya, nutzen, um ein mathematisches Problem zu lösen.

Mit unterschiedlichen Aufgaben wurde beobachtet und untersucht, wie mathematische Problemlöseaufgaben gelöst wurden. Dabei wurden die Teilnehmer nach ihrem Vorgehen befragt und die Ergebnisse mit verschiedenen Methoden, wie einem Beobachtungsbogen und einer Videographie, festgehalten. Die Videographie wurde durch eine Transkription des Materials analysiert.

Mit der Befragung und der Auswertung der Transkription konnten Prinzipien, wie das „Analogieprinzip" oder das „Invarianzprinzip", festgestellt werden. Ebenso waren verschiedene Strategien, wie das „Vorwärtsarbeiten" oder das „systematische Probieren" zu beobachten. Inwiefern welche Strategie und welches Prinzip in der jeweiligen Aufgabe genutzt wurden, ist in einem Diagramm festgehalten. Damit wurde untersucht, welche Strategien und Prinzipien die Schülerinnen und Schüler am meisten verwendeten, um somit Aufschluss über allgemeine Strategien und Prinzipien des Problemlösens zu erhalten.

In der nachfolgenden Arbeit soll dieses Thema, anhand theoretischer Inhalte und Beobachtungen, genauer betrachtet und empirisch untersucht werden.

1.1 Abbildungen:

Abbildung 1:

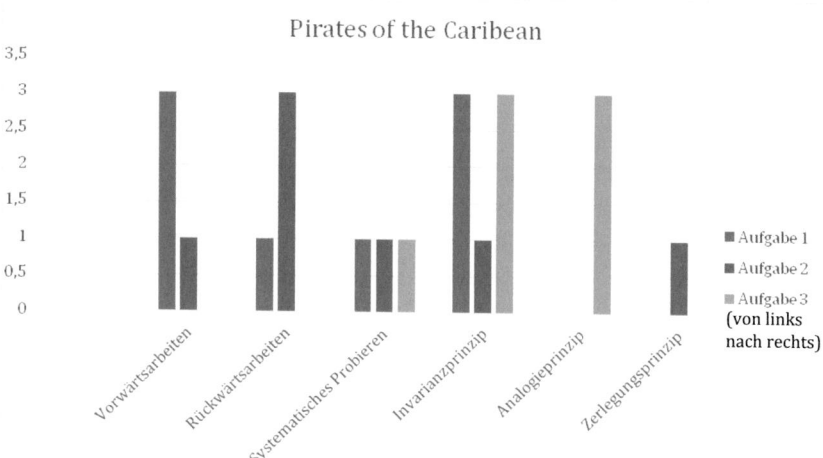

Abbildung 2:

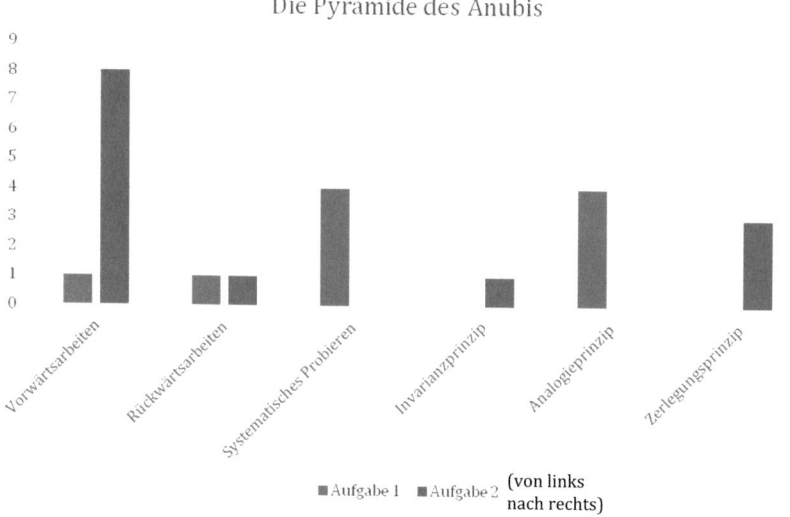

2 Der Hauptteil

Mit dieser Arbeit sollen Strategien und Prinzipien untersucht werden, die von den Teil-nehmern des Kurses „Mathematik Problemlösen" genutzt wurden. An der Schulung nahmen Schülerinnen und Schülern des „Vereins zur Förderung begabter Kinder und Jugendlicher Südwestfalen" teil. Dabei sollen sowohl in einem theoretischen, als auch in einem empirischen Teil, die Strategien der Literatur mit denen der beobachteten Durchführungen verglichen werden. Im Nachfolgenden wird zunächst ein Einblick in die erforschten allgemeinen Problemlösestrategien gegeben, um sie anschließend mit den empirisch beobachteten Inhalten zu vergleichen.

2.1 Theorie der allgemeinen Strategien und Prinzipien des Problemlösens

Problemlösungen in der Mathematik können meist durch die Identifikation grundlegender Problemlösetechniken kategorisiert werden. Dabei wird der Versuch unternommen, Aufgaben zu lösen, ohne ein passendes und bekanntes Lösungsverfahren anwenden zu können. (vgl. Storz 2009, S. 51ff.)

Solche Techniken werden Strategien genannt und können in unterschiedliche Heuristiken untergliedert werden.

Zum einen kann das „Analogieprinzip" genannt werden. Dieses entsteht, wenn Übereinstimmungen in gewissen Beziehungen zwischen einer aktuellen und einer früheren Situation hergestellt werden. (vgl. ebd., S. 56)

Ebenso ist das „Invarianzprinzip" zu nennen. Bei diesem werden nicht zu verändernde Aufgabenelemente untersucht, die Gemeinsamkeiten darstellen. (vgl. Storz 2009, S.56)

Mit dem „Rückführungsprinzip" werden Probleme häufig nebeneinandergestellt und nach etwas bereits Bekanntem gesucht, auf dessen Zurückführung die Aufgabe gelöst werden kann. (vgl. ebd.)

Ein weiteres Prinzip stellt das „Transformationsprinzip" dar, bei dem Probleme, welche sprachlich dargestellt werden, in geeignete mathematische Theorien übersetzt, mit den entsprechenden Hilfsmitteln gelöst und die Ergebnisse daraufhin gedeutet werden. (vgl. Storz 2009, S.56)

Beim „Zerlegungsprinzip" werden umfassende Probleme in Teilprobleme zerlegt. (vgl. ebd.)

Neben diesen Prinzipien standen bei der Untersuchung auch Strategien im Vordergrund.

Diese können unterschieden werden in: das „systematische Probieren", das „Vorwärts-arbeiten", das „Rückwärtsarbeiten", sowie die „Suche nach Beziehungen".

Das „systematische Probieren" ist nicht durch wahlloses ausprobieren und unstrukturiertes Versuchen, gekennzeichnet, sondern vielmehr durch die Reihenfolge des Versuchens, mit der zum richtigen Ziel gelangt werden kann.

Beim „Vorwärtsarbeiten" wird versucht, möglichst viele Eigenschaften bereits in der Ausgangssituation herauszufinden und daraus Schlussfolgerungen zu ziehen, die eine Beziehung zum Gesuchten herstellen, um die Aufgabe zu lösen.

Eine weitere Strategie stellt das „Rückwärtsarbeiten" dar. Bei diesem wird am Ende begonnen, also beim Gesuchten. Danach wird über das Gegebene, mit gegebenenfalls einer Zerlegung in Teilprobleme, zum Ziel hingearbeitet. (vgl. Storz 2009, S. 56f.)

Ebenso kann die Strategie der „Suche nach Beziehungen" genutzt werden. Bei dieser wird zwischen angegebenen Größen die gesuchten Größen, mit eventuell benötigten Hilfsgrößen, aufgespürt. (vgl. ebd., S.57)

Mit diesen beschriebenen Prinzipien und Strategien sollen nach der Theorie, eine Problemlöseaufgabe gelöst werden. Im Nachfolgenden wird nun betrachtet, ob und wie Schülerinnen und Schüler (SuS) diese Strategien und Prinzipien angewendet haben.

2.2 Das methodische Vorgehen

Im Rahmen der Untersuchung wurde ein empirisches, qualitatives Forschungssetting genutzt. Dieses zeichnet sich darin aus, dass bei der Frage nach Strategien und Prinzipien des Problemlösens, das methodische Vorgehen auf Grundlage explorativ begründeten Untersuchungen stattfand. Mit Hilfe von festgehaltenen Interviews und Beobachtungen können wissenschaftliche Theorien mit der Bildung eigener Theorien verglichen werden. (vgl. Bardy 2015, S. 107f.)

Im Rahmen der vorliegenden Ergebnisse (vgl. Abbildung 1/Abbildung 2) wurden verschiedene Methoden und Erhebungen, für den Erhalt von Daten, verwendet:

- Beobachtungsbogen (vgl. Anhang 1):

  Mit diesem wurden SuS während und nach der Bearbeitung ihrer Aufgaben befragt.

- Videoanalyse (vgl. Anhang 2):

  In dieser wurden per Videoaufnahmen SuS interviewt, wie sie auf bestimmte Lösungen, nach der Bearbeitung ihrer Aufgaben, gekommen sind.

2.3 Verwendete Strategien der Schülerinnen und Schüler

Im Rahmen der Veranstaltung wurden den SuS mathematische Problemlöseaufgaben gestellt.

Zum einen galt es die Aufgabe „Pirates of the Caribbean – Fluch des verborgenen Schatzes" zu lösen. In drei verschiedenen Teilaufgaben konnte, durch das Lösen mathematischer Probleme, ein Schatz gefunden werden.

Analysiert man die beobachteten Strategien, kann festgestellt werden, dass besonders das „Vorwärtsarbeiten", in Verbindung mit dem „Invarianzprinzip" verwendet wurde. Die SuS stellten sich meist die Frage, was sie über das Gegebene erfuhren und wie sie es verwenden konnten, um eine Lösung herauszufinden. In drei verschiedenen Aufgabenbereichen trat zudem das „Invarianzprinzip" auf. Mit der Suche nach Gemeinsamkeiten der einzelnen Angaben und der Überlegung, was sich nicht verändert, konnte gerade bei Aufgabe 2, der ersten Station „Pirates of the Caribbean", die ein Verständnis der Situation verlangte, eine Lösung gefunden werden.

Vereinzelt konnte das Prinzip des „Rückwärtsarbeitens" oder das „systematische Probieren" festgestellt werden. Es konnte erfahren werden, dass die Frage gestellt wurde, was gesucht ist, und was darüber bereits bekannt ist. Dies kann zu der Strategie des „Rückwärtsarbeitens" gezählt werden. (vgl. Storz 2009, S. 56f.) Doch kombinierten einige SuS auch die einzelnen Angaben, um z.B. auf die Lösung zu kommen, an welchem Tag alle Schiffe gemeinsam im Hafen sind.

Ebenso galt es bei der Station, eine Schatzkarte aus einzelnen Teilen zusammenzulegen. Dort konnte festgestellt werden, dass überwiegend nach bekannten Mustern kombiniert wurde. Dies kann dem „Analogieprinzip" oder dem „Rückführungsprinzip" zugeordnet werden, da überwiegend versucht wurde, die Teile in ein gewöhnliches Recht- oder Viereck zu legen, anstatt in ein T. (vgl. Abb. 1)

Bei der zweiten Station sollte zuerst ein „magisches Viereck" und anschließend eine mathematische Problemlöseaufgabe gelöst werden. Dabei wurde vermehrt das „Analogieprinzip" genutzt, da mit bekannten Sudokus verglichen wurde. Aber auch „Vorwärts- und Rückwärtsarbeiten" in Verbindung mit einem „systematischen Probieren" konnte beobachtet werden. Bei der zweiten Aufgabe wurde vermehrt das „Vorwärtsarbeiten" kombiniert mit dem „Zerlegungsprinzip" genutzt. Erst fanden die meisten heraus, dass 99 Sätze falsch sind, um anschließend mit dieser Zahl weiter zu rechnen.

Aber auch „Rückwärtsarbeiten" und das „Invarianzprinzip" konnten beobachtet werden, da zuerst überlegt wurde, was gesucht ist, aber auch Gemeinsamkeiten der Sätze identifiziert wurden. (vgl. Abb. 2)

Vergleicht man beide Datenreihen, kann man feststellen, dass das „Vorwärts- und Rückwärtsarbeiten" bevorzugt genutzt wurde. Auch das „Analogieprinzip" konnte in beiden Datenreihen oft beobachtet werden.

3. Fazit

Fasst man die Ergebnisse der Beobachtungen und der Transkription zusammen, kann man feststellen, dass je nach Art der Problemlöseaufgabe, unterschiedliche Strategien verwendet wurden.

Bei Aufgaben, die eher eine Lesekompetenz erforderten, wurde vermehrt die Strategie des „Vorwärts- und Rückwärtsarbeitens" genutzt. Für die Problemlösung in Form eines räumlichen Denkens, wie das legen des Buchstaben T aus verschiedenen Teilen, wurde eher das Prinzip der „Invarianz", der „Analogie" oder vereinzelt der „Zerlegung" genutzt.

Somit kann festgestellt werden, dass die teilnehmenden SuS ganz unterschiedliche Strategien verwendet haben. Alle haben versucht, die Lösung der Probleme herauszufinden.

Als Hauptstrategien des Problemlösens kann nach diesen Beobachtungen das „Vorwärtsarbeiten", das „Rückwärtsarbeiten" und das „systematische Probieren", je nach Aufgabenstellung in unterschiedlicher Weise, festgestellt werden. Doch wurden auch die Restlichen der oben genannten Prinzipien für Teilbereiche genutzt.

Abschließend kann man festhalten, dass SuS Problemlöseaufgaben mit unterschiedlichen Strategien bearbeiten, um die Lösung zu finden. Diese Lösungsstrategien können fast immer den folgenden Prinzipien zugeordnet werden: Dem „Vorwärts- oder Rückwärtsarbeiten", dem „systematischen Probieren", dem „Invarianzprinzip", dem „Analogieprinzip" oder dem „Zerlegungsprinzip".

4. Literaturverzeichnis:

1. Albert Einstein. In: Gedinat, Jürgen (2015): „Momente der Globalisierung: Eine Ergründung." (S.27). Freiburg/ München: Verlag Karl Alber.

2. Bardy, Thomas (2015): Zur Erstellung von Geltung mathematischen Wissens im Mathematikunterricht (S. 107-109). Wiesbaden: Springer Fachmedien.

3. Storz, Robert (2009): „Fachdidaktik – Seminar Mathematik. Mathematikunterricht für die Sekundarstufe I kompetent planen, durchführen und reflektieren". (S. 51-57). Berlin: Pro Business.

4. Polya, Georg (1949) (4. Auflage (1995)): „Schule des Denkens – Vom Lösen mathematischer Probleme". S. 48 – 51. Tübingen/Basel: Francke Verlag.

5. Anhang

5.1 Transkription der Videographie

Aufgabe: Pyramide des Anubis

Transkription: Schüler 1:

Schüler 1: Die Grundfläche ist 6.

Interviewer: Kannst du mir sagen, was du bei der Aufgabe gemacht hast?

Schüler 1: Ja a, bei der ersten Aufgabe sah das so aus wie ein Sudoku, und deswegen (…) hab ich die Zahlen darein geschrieben (.) und dann kam eine 6 in den roten Kasten, weil ja jede Spalte und Zeile 18 werden musste.

Interviewer: Ok. Und was hast du bei der zweiten Aufgabe gemacht?

Schüler 1: Also der will jetzt halt die Seite wissen. Die erzählen das halt immer wieder. Der erste Diener schreibt einen, der zweite zwei, und so weiter.

Interviewer: Wie viele Sätze hat er auf das Blatt geschrieben?

Schüler 1: 100 Sätze. *Für Schüler selbstverständlich.*

Interviewer: Ok. Und wie kommst du auf die Lösung?

Schüler 1: Jeder Diener hat einen Satz geschrieben. Und der erste Satz sagt: Genau ein Satz auf diesem Blatt ist falsch. (…) Dann sind 99 falsch.

Interviewer: Genau. Was musstest du dann machen?

Schüler 1: Die Anzahl der falschen Sätze müssen durch 10 minus 1 geteilt werden. (.) Das sind neun.

Interviewer: Ok, und dann?

Schüler 1: Ich muss fünf abziehen.

Interviewer: Was kommt dann raus?

Schüler 1: 11 minus 5. Also **6**.

Interviewer: Richtig. Und was hast du jetzt bei der zweiten Aufgabe gemacht?

Schüler 1: Ich hab überlegt was die Diener alles schreiben und dann sagt ja **nur der erste die Wahrheit**. Und dann hab ich das durch die neun geteilt und dann davon dann die fünf abgezogen.

Transkription Schüler 2:

Schüler 2: Ich bin fertig. Ist das alles richtig?

Interviewer: Ja, genau. Also bei der Ersten haben wir uns für die Zahl 6 entschieden, deine stimmt aber auch.

Schüler 2: Ah ok.

Interviewer: Was hast du bei der ersten Aufgabe gemacht?

Schüler 2: Man sollte ja gucken, dass jede Zeile und Spalte 18 ergibt. Und dann standen ja da unten die Zahlen und ich hab das dann einfach so eingetragen, (.) dass es 18 ergibt.

Interviewer: Genau. Gut, was hast du bei der zweiten Aufgabe gemacht?

Schüler 2: Bei der waren ja 100 Sätze. Und wenn dann der erste falsch ist und dann der zweite, dachte ich erst, 100 Sätze sind falsch. Aber dann ist mir eingefallen, dass ja der erste sagt, dass der Satz falsch ist. Also 99. Dann musste man das ja durch 9 teilen und 5 abziehen. Also 6.

Transkription Schüler 3:

Schüler 3: Das Rätsel hab ich jetzt, 8.

Interviewer: Ok. Ja genau, das ist auch eine Lösung. Aber wir haben uns halt für die 6 entschieden.

Schüler 3: Ok.

Interviewer: Wie bist du darauf gekommen?

Schüler 3: Da waren ja schon Zahlen gegeben (.) und man sollte die darunter stehen ja reinschreiben. -Und wenn man die dann so eingetragen hat, kam 18 raus.

Interviewer: Ok, dann kannst du mit der zweiten Aufgabe weitermachen.

Schüler 3: Also der erste 9 Diener sagt ja ein Satz ist falsch. Dann sagt der 99. der 99 ist sind falsch. (.) Vielleicht sind immer die geraden richtig oder die ungeraden?

Interviewer: Aber das ist ja das Gleiche. Überleg nochmal, was sagt der 100ste Diener?

Schüler 3: 100 Sätze sind falsch. Aber die Pyramide ist ja nicht 100 Meter hoch. *Schüler scheint verwirrt.*

Interviewer: Das wird ja später noch verrechnet.

Schüler 3: **Acchhso.** 99 sind falsch. Dann ist noch der eine richtig.

Interviewer: Warum?

Schüler 3: Ja a, weil ja alle sonst immer falsch sagen. Wenn dasteht, der Erste sagt das und der dann der Zweite, und so weiter (.) dann nur einer die Wahrheit. Also 18 minus 1 ergibt 17.

Interviewer: Wie kommst du auf die 18?

Schüler 3: Äh nee, 10 minus 1. Dann 9. Dann sind 11 minus die 5 sind **6**.

Transkription Schüler 4:

Schüler 4: Das ist wie Sudoku. *Äußerung scheint für Schüler selbstverständlich.*

Interviewer: Ok. Warum meinst du das?

Schüler 4: Ja a. Das sieht genauso aus und dann kann man gucken, ob 18 rauskommt. (.)
Und **dann** passt das.

Interviewer: Ok. Wie bist du bei der zweiten Aufgabe vorgegangen?

Schüler 4: Ja da waren 100 Sätze und wenn dann einer sagt der 100 Satz richtig ist, (.)
dann sind 99 falsch.

Und wenn man das dann durch die 9 teilt, weil das ja mit den 10 minus 1 das ergibt, sind
das 11. Und dann kommt man minus den 5 zu 6.

Transkription Schüler 5:

Schüler 5: Stimmt das so?

Interviewer: Mhmm ja, genau. Wie bist du draufgekommen?

Schüler 5: Also, das musste ja immer 18 ergeben und ich hab dann einfach ausprobiert
womit das klappt.

Interviewer: Ok. Wie bist du bei der zweiten Aufgabe vorgegangen?

Schüler 5: Das sind sechs, denn von den 100 hat ja jeder was drauf geschrieben und dann
war das ja so, dass der Erste was geschrieben hat (.) und dann der Zweite. Also dann hat
der Zweite ja schon gelogen. Dann sind 99 falsch und einer richtig.

Interviewer: Ok, wie bist du dann auf die 6 gekommen?

Schüler 5: Dann sollte man ja noch durch 9 teilen und 5 abziehen. (.) Und dann kam halt
sechs raus.

Transkription Schüler 6:

Schüler 6: Das Erste ist 8.

Interviewer: Wie kommst du darauf?

Schüler 6: Weil's ja immer 18 ergeben soll. (..) Und wenn man dann die Zahlen von unten
einsetzt kommt man da auf 8.

Interviewer: Ok. Gut. Wie hast du bei der zweiten Aufgabe gemacht?

Schüler 6: Man sollte ja herausfinden welche Sätze falsch sind. Aber was ist denn dann
richtig?

Interviewer: Überleg mal, wenn einer was schreibt und dann der andere, und so weiter (…)
Wer hat denn dann recht?

Schüler 6: **Acchhsoo.** Nur der Erste ist richtig. **Ahhh.** Dann kommt da 6 raus.

Interviewer: Warum?

Schüler 6: Weil man ja dann 99 Sätze falsch hat und das mit den 5 weniger 6 ergibt.

Transkription Schüler 7:

Schüler 7: 6.

Interviewer: Wie bist du darauf gekommen?

Schüler 7: Ja a, mit der 18 musste ich ja in der Zeile noch 6 haben, damit das klappt. Denn andere Zahlen gingen in der Spalte ja nicht mehr, weil (…) ist ja wie Sudoku.

Interviewer: Genau. 6 ist richtig. Was hast du beim Zweiten gemacht?

Schüler 7: Mhmm, wenn ja alle einen Satz schreiben (.) dann sind das ja 100 Sätze. Und dann ist ja der erste schon falsch (…)

Interviewer: Warum der Erste?

Schüler 7: Ach nee, der ist ja richtig. Die anderen sind ja falsch. Dann 99. *Ganz selbstverständlich.* Also 6.

Interviewer: Wieso 6?

Schüler 7: *Irritiert.* Ich soll das doch durch 9 teilen und fünf abziehen. (…) Dann kommt 6 raus.

Transkription Schüler 8:

Schüler 8: Das sind ja jetzt vierzehn. Dann fehlen mir noch vier. (…)
Oh, da muss nee 8 hin.

Interviewer: Jaa. Und welche Zahl kommt dann in den roten Kasten?

Schüler 8: Dann 6. Weil ja die so nur zusammen acht 18 ergeben, weil das ja wie Sudoku ist.

Interviewer: Ah ok. Gut, und bei der zweiten Aufgabe?

Schüler 8: Da sagt der 100te 100 sind falsch.

Interviewer: (..) Ok, wie kommst du auf die Lösung?

Schüler 8: *Verunsichert.* Die Sätze sagen ja, so viele sind falsch. Und wenn das ja nicht stimmt, ist ja nur einer richtig. Dann hätten theoretisch ja alle die Wahrheit gesagt. (…) Der sagt 100 Sätze sind alle falsch. Dann würde ja jeder sagen, es ist falsch. Dann haben alle gelogen bis auf einen. Also 99. Dann sind das die Falschen. Und 99 geteilt durch 9 minus 5 sind 6.

Transkriptionstabelle:

Format/Symbol	Art der zugehörigen para- und nonverbalen Äußerungen
Normal	Keine besondere Auffälligkeit
Fett	Laute bzw. besonders betonte Äußerung (kann sich auch auf einzelne Worte innerhalb einer Äußerung beziehen)
Kursiv	Beschreibung der nonverbalen Äußerungen
In runden Klammern (.), (..), (...), (Pause)	Pausen von 1, 2, 3 oder mehreren Sekunden
Sperrungen j a a, Acchhsoo	gedehnte Aussagen

5.2 Beobachtungsbogen

Frage an die Schülerinnen und Schüler: Wie bist du auf die Lösung gekommen? Beschreibe.

Vermutete Strategie	Anwendung:	Aufgabe	Ja	Nein	Verändert
1)**Vorwärtsarbeiten**	Angaben identifizieren mit:	1)			
		2)			
		3)			
	– Was ist gegeben?	1)			
		2)			
		3)			
	– Was weiß ich über das Gegebene?	1)			
		2)			
		3)			
	– Was kann ich daraus folgern bzw. ableiten?	1)			
		2)			
		3)			
2.) **Rückwärtsarbeiten**	Ergebnis identifizieren	1)			
		2)			
		3)			
	– Was ist gesucht?	1)			
		2)			
		3)			

	– Was weiß ich darüber?	1)			
		2)			
		3)			
	– Was benötige ich um auf das Gesuchte zu kommen?	1)			
		2)			
		3)			
3.) Invarianzprinzip	Gemeinsamkeiten identifizieren	1)			
		2)			
		3)			
	– Was haben alle Angaben gemeinsam?	1)			
		2)			
		3)			
	– Was ändert sich nicht bzw. nie?	1)			
		2)			
		3)			
4.) Andere Strategien	Beschreibung	1)			
		2)			
		3)